AF460589

10 Janvier 1908

marqué P

VENTE
du Jeudi 16 Janvier 1908

HOTEL DROUOT — SALLE N° 11

A 2 HEURES 1/2

EXPOSITION PUBLIQUE
Le Mercredi 15 Janvier 1908
DE 2 H. A 6 H.

OBJETS D'ART

ET DE

HAUTE CURIOSITÉ

DU MOYEN-AGE, DE LA RENAISSANCE ET DU XVIIIe SIÈCLE

TABLEAUX DES ÉCOLES PRIMITIVES

DU XVIIe ET DU XVIIIe SIÈCLES

MINIATURES

MEUBLES EN BOIS SCULPTÉ

Me J. ENGELMANN
COMMISSAIRE-PRISEUR

M. ARTHUR BLOCHE
EXPERT PRÈS LA COUR D'APPEL

CATALOGUE

DES

OBJETS D'ART

ET DE

HAUTE CURIOSITÉ

DU MOYEN AGE, DE LA RENAISSANCE & DU XVIIIe SIÈCLE

SCULPTURES SUR MARBRE, IVOIRE, PIERRE, BOIS & ALBATRE

représentant principalement des sujets historiques et du Nouveau-Testament

ASSIETTE EN ÉMAIL DE LIMOGES

ORFÈVRERIE — FERS OUVRÉS

BRONZES GRAVÉS & ÉMAILLÉS, CUIVRES REPOUSSÉS

Grès — Anciennes porcelaines de Chine
Faïences de Nevers et de Rouen — Armes orientales
Miniatures de l'Époque Louis XVI

TABLEAUX DES ÉCOLES PRIMITIVES

DES XVIIe ET XVIIIe SIÈCLES

BEAUX MEUBLES EN BOIS SCULPTÉ

Grande Stalle gothique, Bancs d'œuvres, Trône d'évêque
Salon Louis XV

DONT LA VENTE AURA LIEU

HOTEL DROUOT — SALLE N° 11

Le Jeudi 16 Janvier 1908

A 2 HEURES 1/2

Me J. ENGELMANN	M. Arthur BLOCHE
COMMISSAIRE-PRISEUR	EXPERT PRÈS LA COUR D'APPEL
1 — Rue de Stockholm — 1	*52 — Rue de Châteaudun — 52*

EXPOSITION PUBLIQUE

Le Mercredi 15 Janvier 1908, de 2 heures à 6 heures

CONDITIONS DE LA VENTE

Elle sera faite au comptant.

Les acquéreurs paieront *dix pour cent* en sus des enchères.

L'Exposition mettant le public à même de se rendre compte de l'état et de la nature des objets mis en vente, aucune réclamation ne sera admise une fois l'adjudication prononcée.

DÉSIGNATION

TABLEAUX

CLOUET (Ecole de)

1 — Portrait d'une Dame de la Cour, en costume de deuil à la mode de Catherine de Médicis.

Toile : cadre ancien noir et or.

DAVID (Attribué à)

2 — Portrait de jeune homme, un artiste sans doute, habit bleu foncé, le col de chemise ouvert, tenant à la main un porte-fusain.

Cadre ancien, bois sculpté.

VAN DYCK (Ecole de)

3 — Saint-Jean en adoration devant l'Enfant-Jésus qui l'embrasse.

Cadre ancien bois sculpté et doré.

GREUZE (Attribué à)

4 — Portrait d'un vieillard assis s'appuyant le bras gauche sur une table et tenant une lettre fermée à la main. Il regarde presque de face. En habit bleu, gilet blanc et cravate à jabots. Sur la table on lit : âgé de quatre-vingts ans.

HEINSIUS (Attribué à)

5 — Portrait de femme regardant presque de face, en robe à fichu drapé sur les épaules, corsage légèrement décolleté, coiffure à la Lamballe, et retenant de la main droite son fichu.

Cadre bois sculpté ancien.

LAVAL (P.-L. de)

6 — Portrait de l'amiral Willaumez en grand uniforme portant en sautoir le grand cordon de la Légion d'Honneur.

En haut on lit : *Le V. A. Willaumez né en 1761, à Belle-Ile-en-Mer.*

Signé et daté 1840.

MANS (F.)

7 — Canal de la Hollande animé de voiliers et de barques, les rives bordées de maisons devant lesquelles, à droite, de nombreux personnages circulent ou causent par groupes. Au premier plan des pêcheurs tendent leurs lignes ou se reposent.

Signé à gauche, daté 1691.

MARIESCHI

8 — Vue d'un port de l'Adriatique avec la ville et ses monuments se déroulant en perspective et animée de nombreux personnages. Ciel bleu, temps ensoleillé.

Œuvre délicate rappelant le maître Guardi.

Cadre ancien bois sculpté et doré.

PANINI (Attribué à)

9 — Ruines dans un beau paysage d'Italie animées de personnages.

ÉCOLE ANCIENNE

10 — La Vierge et l'Enfant.

Tableau rond, cadre carré à écoinçons ornementés en bois sculpté et doré.

ÉCOLE DU XVe SIÈCLE

11 — Reine en costume d'apparat de brocart rouge tissé d'or garni de fourrure avec cache-gorge en fine lingerie plissée garnie de galon relevé d'or, sa longue chevelure blonde tombant sur ses épaules, ceinte de la couronne royale en or enrichie de pierreries. Assise sur son trône tenant de la main droite son sceptre et de l'autre un missel, dans une cathédrale à colonnade avec vitraux représentant les Saints et les Saintes sous des arceaux.

Peinture intéressante.

Cadre rectangulaire à angles cintrés dans le haut.

ÉCOLE FRANÇAISE DU XVIe SIÈCLE

12 — Portrait d'une princesse représentée de face les yeux baissés sur un Missel enrichi de miniatures et d'enluminures qu'elle tient d'une main et feuillette de l'autre. Habillée d'une robe rouge à corsage ouvert en pointe garni de fourrure, elle porte au cou un collier en pierreries avec perles pendeloques, autour de la taille une ceinture en or ciselé enrichie de cabochons, coiffée d'un voile gracieusement relevé sur le sommet de la tête et drapé en plis légers.

Peinture sur bois à fond d'or.

MAAS

13 — Paysage avec figures.

Dessin rehaussé.

MINIATURES

14 — Miniature ronde sur ivoire, portrait de jeune fille représentée de face, debout, s'appuyant sur une colonne, en robe claire à corsage décolleté. Chevelure enrubannée, de Mlle Simons, signée et datée *1786*.

15 — Miniature ronde sur ivoire, portrait de jeune fille en corsage rose décolleté avec manches de lingerie, la tête légèrement tournée vers la gauche, coiffée à la Marie-Antoinette avec roses dans les cheveux, attribué à Campana, montée sur une bonbonnière en paille tressée. Epoque Louis XVI.

16 — Miniature ronde sur ivoire, portrait d'une Dame de la Cour en Diane chasseresse, dans un parc, de Huet Villiers. Epoque Louis XVI.

17 — Petite miniature sur ivoire, portrait d'une jeune Dame de la Cour regardant de face, en corsage coquettement ouvert, attribuée à Van Loo, montée sur une bonbonnnière en écaille galonnée d'or, xviiie siècle.

18 — Miniature ronde sur ivoire, portrait de jeune fille à coiffure haute avec fleurs, tombant en boucles, en corsage décolleté, regardant de face, attribuée à Campana, montée sur une bonbonnière en écaille galonnée d'or. Epoque Louis XVI.

19 — Miniature ovale sur ivoire, portrait de jeune femme vue de face en robe mauve à corsage ouvert, garni de dentelle, les cheveux bouclés et avec ruban formant bandeau, attribué à Sicardi, montée dans un médaillon en or avec motif en cheveux au revers et l'initiale P. Epoque Louis XVI.

20 — Deux miniatures rondes sur ivoire: portraits de femme et d'homme. Epoque fin Louis XVI.

21 — Miniature sur ivoire: portrait d'un vieillard, montée en broche.

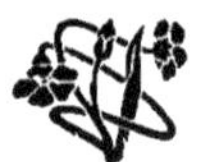

SCULPTURES

22 — **Pierre.** Statue d'évêque en costume sacerdotal représenté assis, coiffé de sa mitre tenant sa crosse de la main gauche. Belle sculpture de la fin du xve siècle ou du commencement du xvie siècle. Ecole Française.

Haut. : 1^{m}10.

23 — **Pierre.** Rétable en haut-relief relief représentant le Calvaire : Jésus-Christ en croix entre les deux larrons, tout autour des cavaliers, des guerriers et au premier plan, la Vierge entourée de Sainte-Catherine, de Sainte-Anne et d'autres personnages. Cette scène est abritée sous une voûte offrant en bas-relief des chérubins dans le ciel, à l'angle de droite se détachent deux démons. L'angle de gauche est endommagé. Ecole du xvie siècle.

Haut. : 1^{m}05. Larg. : 0^{m}50.

24 — **Pierre.** Statue d'un prélat debout, les mains jointes en prière avec la manipule autour du bras gauche. Le costume offre des vestiges de peinture. Ecole du xvie siècle.

Haut. : 0^{m}75

25 — **Albâtre.** Haut-relief représentant la mort de la Vierge. Composition de neuf personnages, xvie siècle.

Haut. : 0^{m}27. Larg. : 0^{m}30.

26 — **Bois.** Rétable offrant en haut-relief une allégorie de la Communion, composition de quatre personnages rehaussée de peinture polychrome et d'or sur fond d'or, fin du xvie siècle. Cadre en noyer à fronton ogival et à moulure saillante.

Haut. : 1^{m}12. Larg. : 0^{m}95.

27 **Bois.** Statuette de guerrier en extase s'appuyant de la main droite sur son épée. Ecole allemande, xvie siècle, sur socle en bois.

Hauteur de la statuette : 0^{m}35. Hauteur totale : 0^{m}41.

28 — **Bois.** Groupe de trois figures représentant la Mater Dolorosa portée par deux enfants de chœur, décoré de peintures et de vestiges d'or, xvie siècle, posée sur socle.

Haut. : 0^{m}30, et avec socle : 0^{m}38.

29 — **Bois.** Groupe de trois figures : la Vierge, Sainte-Catherine et l'Enfant-Jésus. Ecole du xvie siècle, sur socle en bois.

Hauteur du groupe : 0^{m}55, et avec socle : 0^{m}65.

30 — **Bois.** Haut-relief représentant les quatre rois Mages à cheval. Ecole allemande, xvie siècle.

Haut. : 0^{m}42. Larg. : 0^{m}35.

31 — **Bois.** Bas-relief représentant la Mise au tombeau; composition de sept personnages, xvie siècle.

Haut. : 0^{m}23. Long. : 0^{m}25.

32 — **Bois.** Groupe représentant la Vierge à la pomme assise, tenant l'Enfant Jésus sur ses genoux. xvie siècle.

Haut. : 0^{m}48. Larg. : 0^{m}35.

33 — **Ivoire.** Groupe représentant la Vénus à la coquille couronnée par deux amours, appliqué sur fond de velours rouge dans un encadrement architectural, forme de portique cintré, en bois finement sculpté, offrant en bas-relief sur fond d'or de délicates compositions d'après les cartons de Raphael, deux sphynx ailés se détachent de chaque côté et l'entablement présente des compositions mythologiques: le Triomphe de Neptune, de Vénus, des naïades et des tritons. xvie siècle.

34 — **Marbre.** Grand buste représentant Louis XIV en costume de cour, à longue perruque, et regardant vers la gauche.

35 — **Marbre polychrome.** Buste d'un guerrier de l'antiquité, le visage encadré d'une barbe ondulée, coiffé d'un petit casque à bords plats, en armure et enveloppé à demi d'un manteau agrafé sur l'épaule. xvie siècle.

Haut.: 0^m^75.

36 — **Terre cuite.** Statue de saint Georges debout, s'appuyant sur son bouclier, adossé à un arbre, décor polychromé. Fin du xvie siècle.

Haut.: 0^m^95.

37-40 — **Terre cuite.** Quatre statues: les Saisons, représentées debout par deux nymphes et deux personnages. Elles ont été peintes en gris. Epoque fin xviiie siscle.

Haut.: 1^m^50.

41 — **Bois.** Groupe : *Piéta.* La Vierge regardant avec une profonde tendresse son divin fils étendu sur ses genoux, est enveloppée dans un grand manteau amplement drapé et formant capuchon sur sa tête. XVIe siècle.

Haut.: 1m. Larg.: 0m85.

42 — **Marbre vert antique.** Deux vases avec montures en bronze doré. Style XVIIIe siècle.

43 — **Pierre.** Cadre sculpté. Epoque Renaissance.

44 — **Marbre blanc.** Bas-relief représentant l'Enlèvement des Sabines. Composition de nombreuses figures. XVIe siècle.

45 — **Marbre blanc.** Bas-relief représentant la Résurrection. XVIe siècle.

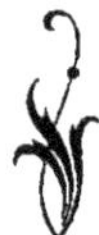

ÉMAUX DE LIMOGES

FERS OUVRÉS — ORFÈVRERIE

46 — **Assiette en émail de Limoges**, peinture en grisaille, chairs rosées, parties rehaussées d'or, représentant la Création de l'homme au milieu du Paradis terrestre; bordure à ornements. Au revers un buste de femme au milieu d'un cartouche à fruits, fleurs et ornements. XVIe siècle.

47 — **Gourde** de forme aplatie à panse hexagonale ornée d'incrustations d'argent dessinant des ornements très délicats, les anses sont ornées de têtes de chérubins en argent. XVIe siècle.

48 — **Lutrin** en fer s'ouvrant en forme d'X, la barrette d'appui offrant une suite d'ornements découpés à jour. XVIe siècle.

49 — **Légumier avec couvercle** en argent, à anses plates ciselées offrant des bustes de personnages entourés d'ornements; le bouton du couvercle orné d'une tête de femme. Epoque Louis XIV.

50-51 — **Paire de bouts de table** à deux branches et deux flambeaux forme colonnes drapées surmontées de chapiteaux en plaqué. Epoque fin XVIIIe siècle.

BRONZES ET CUIVRES

52 — **Animal chimérique** portant une tour à quatre faces surmonté d'une plate-forme crénelée avec deux petits personnages, bronze à patine claire. Fin du XVe siècle.

Haut. : 0m15.

53 — **Croix processionnelle** à double face, en cuivre, travail au repoussé et gravé, représentant d'un côté, le Christ en croix, en bas la Vierge en prière, en haut le Père éternel et aux deux extrémités une Sainte Femme et un apôtre. De l'autre côté, au centre, un apôtre tenant d'une main un sceptre et de l'autre l'évangile; en bas, un archange tenant les saintes écritures; en haut un ange en prières, et à droite et à gauche un taureau et un lion. Fin du XVIe siècle. Montée sur socle en bois.

Haut. de la Croix : 0m40 et avec socle : 0m72.

54 — **Petit chandelier** en bronze à base triangulaire découpée à jour rehaussé d'émaux et représentant des animaux chimériques montés les uns sur les autres au milieu de rinceaux feuillagés; le fuseau est orné de vestiges d'émail, la galerie supérieure décorée d'arabesques réservées sur fond blanc. XVe siècle.

Haut. : 0m15.

55 — **Petit groupe** en bronze représentant la Vierge debout tenant l'Enfant-Jésus sur son bras gauche patine claire. La main droite manque ; la couronne est incomplète. Fin du xve siècle. Socle en bois.

Haut. totale : 0^{m}20.

56 — **Groupe** en bronze représentant une Vénus debout retenant sur ses épaules une légère draperie, ayant à ses pieds l'amour endormi et un dauphin. Une statuette représentant un personnage nu debout coiffé d'un casque. Patine foncée. Fin xvie siècle, commencement du xviie siècle.

Groupe. Haut. : 0^{m}45. Statuette : Haut. : 0^{m}48.

57 — **Aquamanile** en bronze formé par un lion à poitrail et tête gravés, patine claire. Attribué à la fin du xve siècle.

Haut. : 0^{m}29. Larg. : 0^{m}20.

58 — **Aquamanile** en bronze formée par un petit lion avec crinière et tête gravés ; patine claire. Fin du xve siècle.

Haut. : 0^{m}23. Larg. : 0^{m}20.

59 — **Grand marteau de porte** en bronze formé par deux sirènes ailées adossées, unies dans le bas par une tête de chérubin, couronnées par deux dauphins entrelacés. Italie, attribué au xvie siècle.

CÉRAMIQUES

60 — **Grès émaillé.** Récipient de narghilé fond bleu avec semis de rosaces réservées en gris et en relief, monture fer. xvie siècle.

61 — Deux plaques en ancienne porcelaine de Chine de la famille verte représentant des groupes de guerriers et de femmes à cheval dans des paysages montagneux. Bordure fond vert avec médaillons fond rouge à sauterelles et papillons.

62 — Grande jardinière en ancienne faïence de Nevers décor en bleu à sujets chinois, ornée sur les deux faces principales de médaillons à bustes de personnages en relief, anses à mascarons têtes de femmes, portée par quatre sphinx casqués.

63 — **Paire de vases** à panses aplaties et lobées, en ancienne porcelaine de l'Inde, décor à médaillons scènes familières encadrées de fleurs en camaïeu bleu, fond à dessin orange et or.

64 — **Paire de vases** à panses aplaties en ancienne porcelaine de l'Inde, décor à médaillons, personnages et paysages sur fond granité rouge et fleuri.

65 — **Paire de cornets** à quatre faces en ancienne porcelaine de Chine, époque Kien-Long, fond bleu turquoise, décor très délicat à rosaces et motifs enroulés en émaux de couleur.

66 — **Paire de vases** avec couvercles en ancienne porcelaine de Chine, décor rouge et or à lambrequins et ornements.

67 — **Bouteille** en ancienne porcelaine de Chine décor bleu turquoise.

68 — **Bouteille** à col allongé en ancienne porcelaine de Chine, décor fond vert céladon avec oiseaux dans un paysage, en rouge de fer et camaïeu bleu.

69 — **Bouteille** en ancienne porcelaine de Chine, fond vert céladon avec anses à jour.

70 — Bourdaloue en porcelaine de Sèvres, décor à semis de roses et médaillons à figures de singes.

71 — Soupière en faïence de Rouen, décor à la double corne, couvercle avec bouton de fruits.

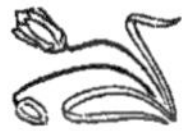

ARMES

72 — **Sabre oriental** avec lame à trois gouttières da masquinée d'or, poignée en rhinocéros, garde en fer gravé et doré, fourreau velours rouge et cuivre gravé avec ceinturon en étoffe tissée fond d'or et dragone montée en métal. XVIe siècle.

73 — **Deux épées** à lames longues et fines gardes à corbeilles, quillons droits en fer. XVIe siècle.

74 — **Fusil oriental** avec garniture en cuivre repoussé argenté, dessins à ornements, batterie à pierre. XVIIIe siècle.

75 — **Hache** en fer et bronze gravé et doré, la hampe décorée de rosaces et d'entrelacs feuillagés, l'attache ornée de deux lions et surmontée d'un éléphant, la lame à arrête saillante. Accompagnée d'un fourreau en velours avec monture repoussée et dorée. Fin du XVIe siècle.

77 — **Pistolet** à pierres bois sculpté garniture argent. XVIIIe siècle.

78 — **Deux pistolets** avec canons incrustés signé Kopp crosses garnies d'argent à têtes d'hommes bois sculpté. Epoque Régence, batterie à pierres.

MEUBLES

79 — **Grande stalle gothique**, en bois sculpté, le dossier à voussure et fronton, divisé en trois arceaux à colonnettes torses et moulurées encadrant des panneaux à ogives fleuronnées, au milieu du panneau central se détache une statue de saint armé tenant d'une main l'Evangile et de l'autre une épée. Le bas présente cinq arceaux à ogives fleuronnées, avec serrure en fer à clochetons. Les accotoirs finement sculptés à jour sous forme de grille gothique se relient aux montants en forme de clochetons.

Haut. : $2^{m}20$. Larg. : $1^{m}12$.

80 — **Petit fauteuil** d'infante, dossier ajouré orné d'une couronne, tout le tour et les accotoirs ornementés, la tablette préservatrice à compartiments en creux, le siège percé recouvert d'un coussin en ancien damas rouge avec armoirie brodée en fin. Travail hollandais, XVIIIe siècle.

Haut. : $0^{m}72$. Larg. : $0^{m}40$.

81 — **Table rectangulaire** à prolonges adhérentes en noyer supportée par sept colonnettes reliées entre elles par des traverses croisées à moulures. XVIe siècle.

82 — **Banc d'œuvre flamand à double face** en bois sculpté formant coffres, dossiers et devants à panneaux, dessin dit serviette, montants à fenêtres ajourées et clochetons, galerie à ogives et rosaces, XVIe siècle.

Haut. : $1^{m}65$. Larg. : $0^{m}88$.

83 — **Trône d'évêque** en noyer sculpté, dossier demi-circulaire dans le haut, fronton à coquilles et enroulements, accotoirs à consoles feuillagées. Style XVIe siècle.

Haut. : 1m56. Larg. : 0m88.

84 — **Banc d'œuvre** à deux stalles en bois sculpté, dossiers armoriés, accotoirs à consoles et feuillages, sièges forme miséricordes, XVIe siècle.

Haut. : 1m10. Larg. : 1m30.

85 — **Ameublement de salon** composé d'un canapé et quatre fauteuils en bois sculpté à bouquets de fleurs et moulures contournées, couverts de soierie bleu turquoise brochée à bouquets de fleurs et festons de dentelle. Epoque Louis XV.

86 — **Meuble de salon** en palissandre sculpté et soierie brochée, style Louis XVI, composée d'un canapé, deux fauteuils et quatre chaises.

87 — **Ameublement de salle à manger** en bois sculpté style Henri II, composé d'un buffet-crédence, une table et six chaises couvertes en cuir.

88 — **Armoire normande** en bois sculpté.

89 — Objets omis.

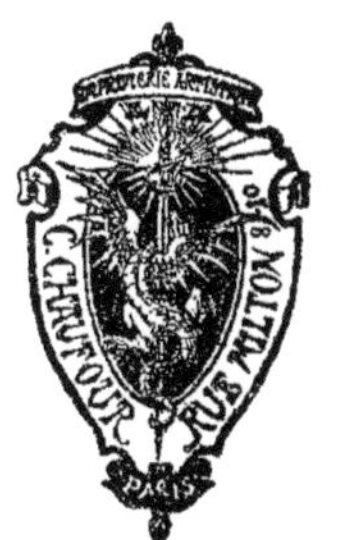
IMPRIMERIE ARTISTIQUE
C. CHAUFOUR
RUE MILTON 8
PARIS

www.ingramcontent.com/pod-product-compliance
Ingram Content Group UK Ltd.
Pitfield, Milton Keynes, MK11 3LW, UK
UKHW020537180726
13839UKWH00006B/2574

9 782329 522715